Map of Australia and Oceania

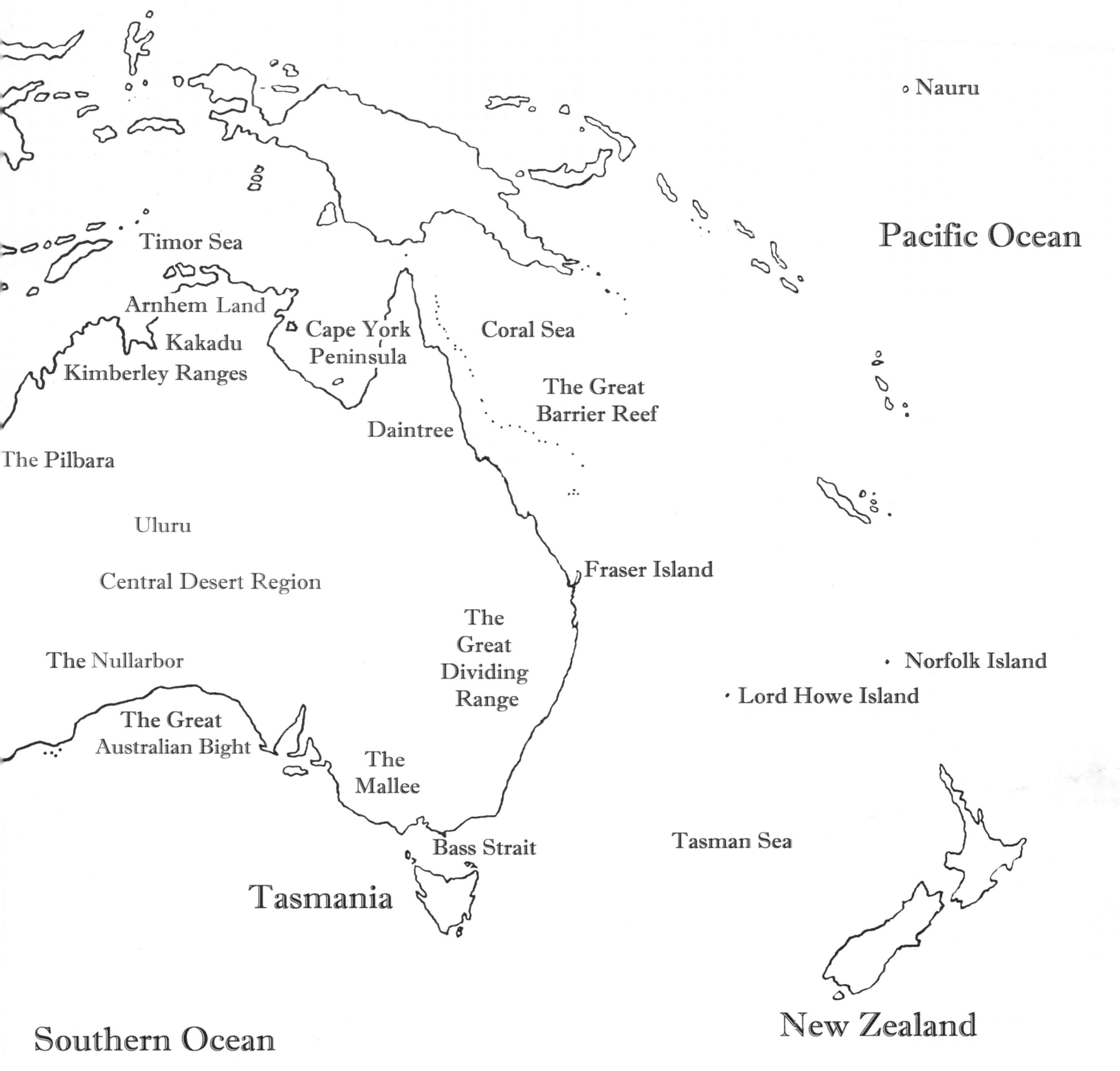

- Nauru
- Pacific Ocean
- Timor Sea
- Arnhem Land
- Kakadu
- Kimberley Ranges
- Cape York Peninsula
- Coral Sea
- The Great Barrier Reef
- Daintree
- The Pilbara
- Uluru
- Central Desert Region
- Fraser Island
- The Nullarbor
- Norfolk Island
- Lord Howe Island
- The Great Australian Bight
- The Great Dividing Range
- The Mallee
- Bass Strait
- Tasman Sea
- Tasmania
- New Zealand
- Southern Ocean
- Macquarie Island

AN A-Z OF
AUSTRALIAN BUSH CREATURES

Myke Mollard

for Xavier

alto
books

Aa

Abalone
Albatross
Alexandria Toadlet
Alpine Tree Frog
Anemone Fish
Antechinus
Ants
Arctic Tern
Armoured River Froglet
Australian Fur Seal
Australian Seagull
Avocet
Azure Kingfisher

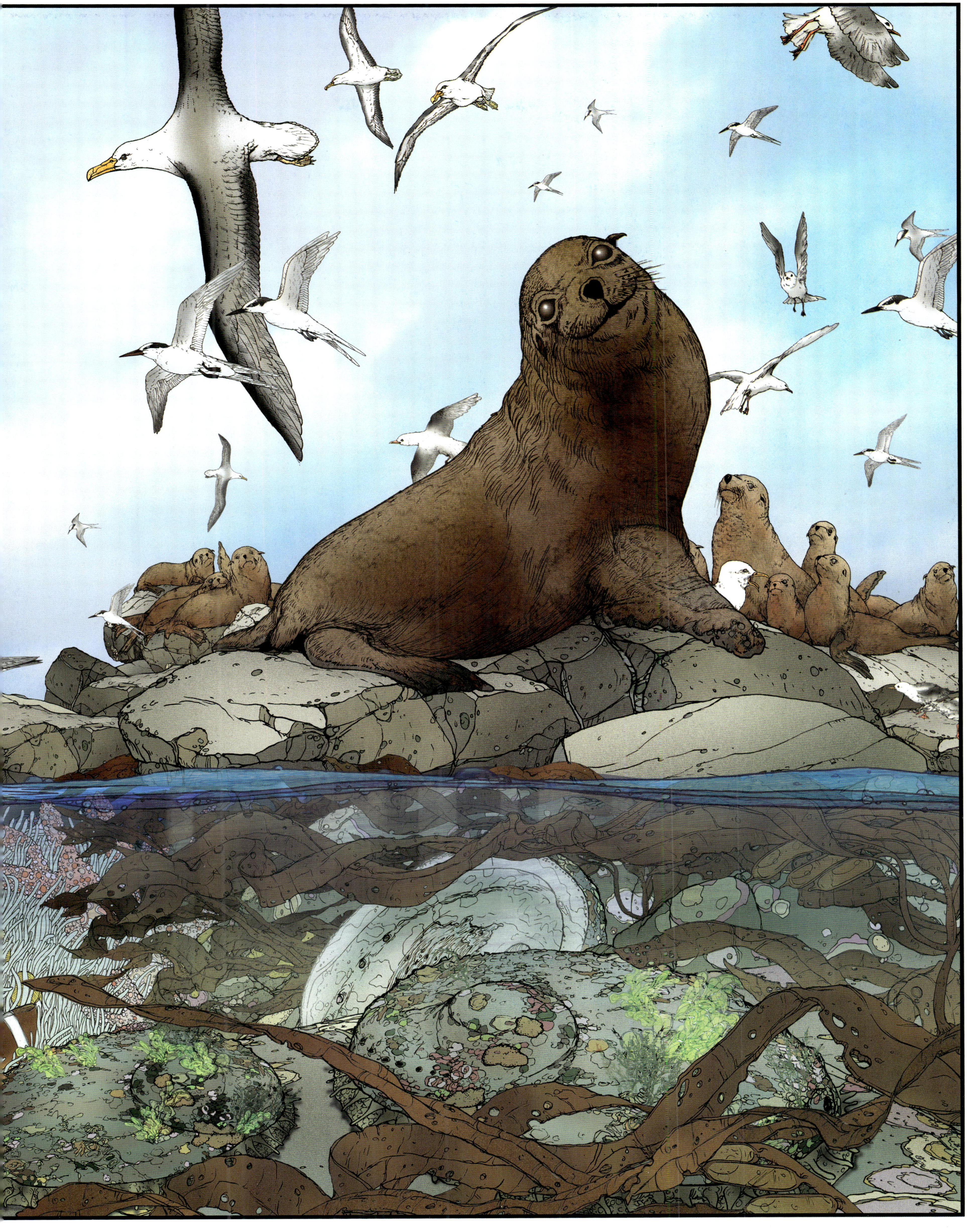

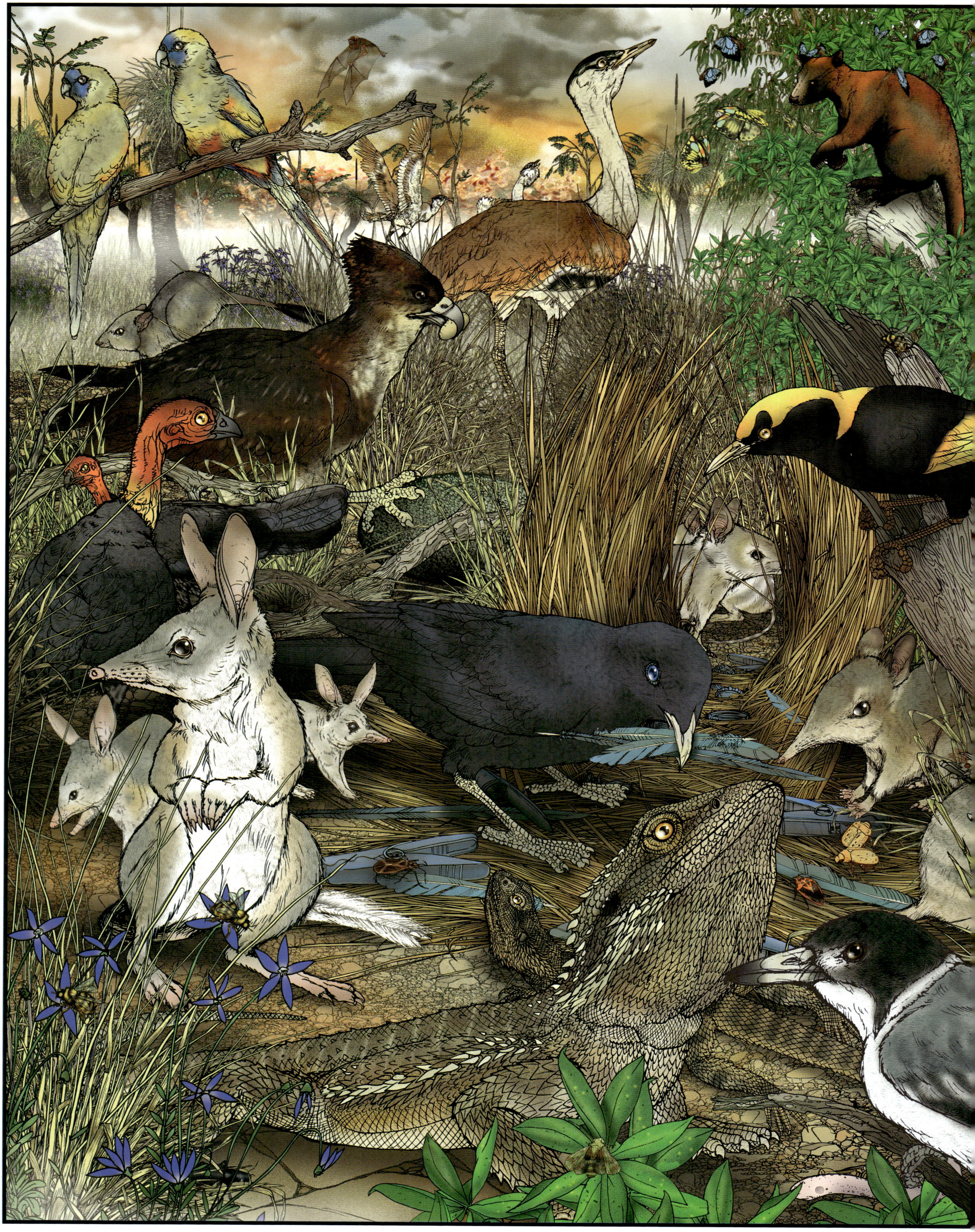

Bb

Bandicoots
Bat
Bearded Dragon
Bee
Bennett's Tree Kangaroo
Bettongs
Bilby
Black Bittern
Black-breasted Buzzard
Black Tiger Snake
Blind Snake
Blue Bonnet
Blue-tongue Lizard
Bogong Moth
Booby
Bowerbirds
Boyd's Forest Dragon
Brolga
Brush Turkey
Budgerigar
Bunyip
Burrowing Frog
Burton's Legless Lizard
Bustard Bird
Butcherbirds
Butterflies

Cc

Cape Barron Geese
Cassowary
Cattle Egret
Chats
Chough
Christmas Beetle
Cicada
Cockatiel
Cockatoos
Coots
Copperhead
Corella
Cormorant
Corroboree Frog
Crane
Crocodiles
Crow
Cuckoos
Curlews
Currawongs
Cuscuses

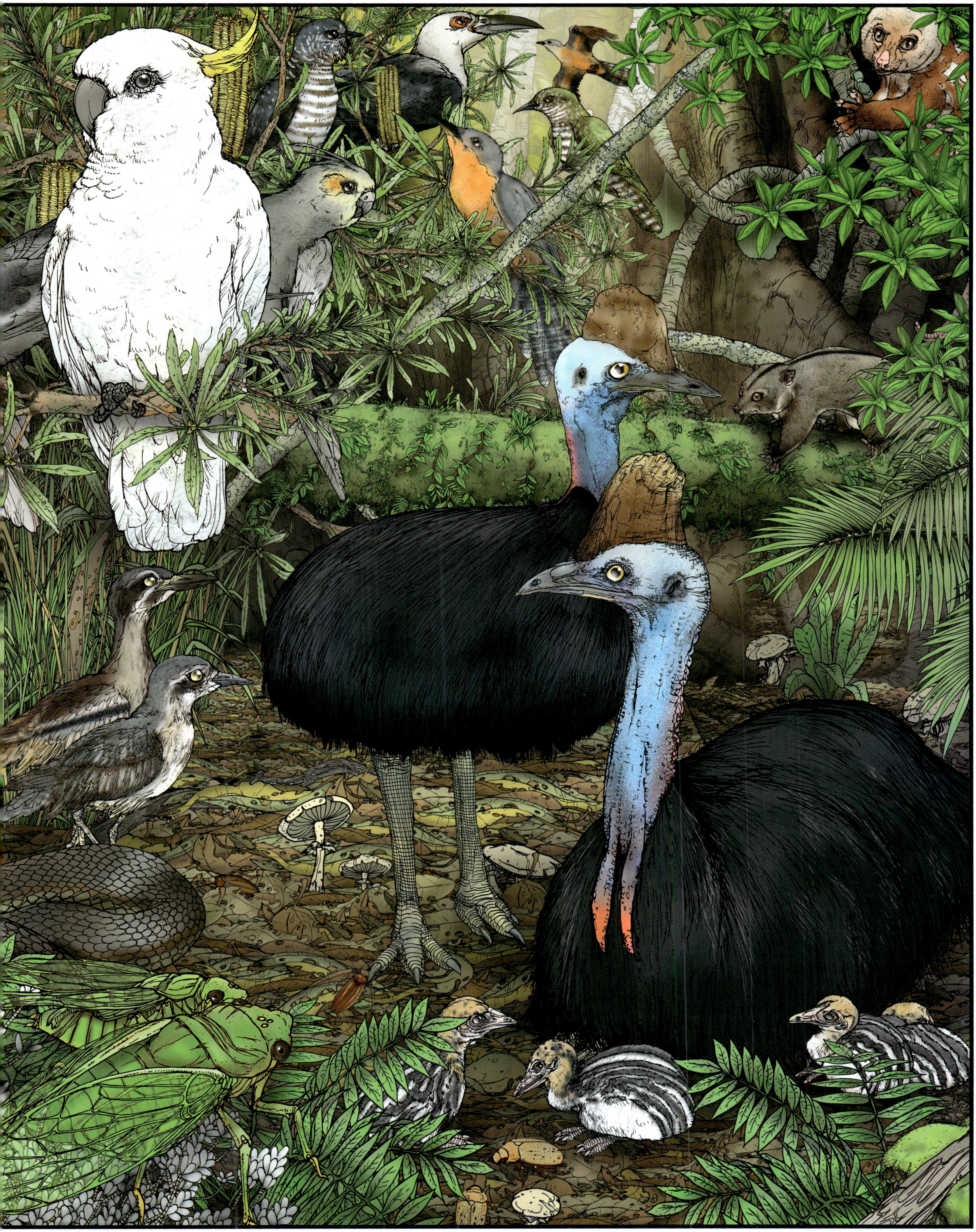

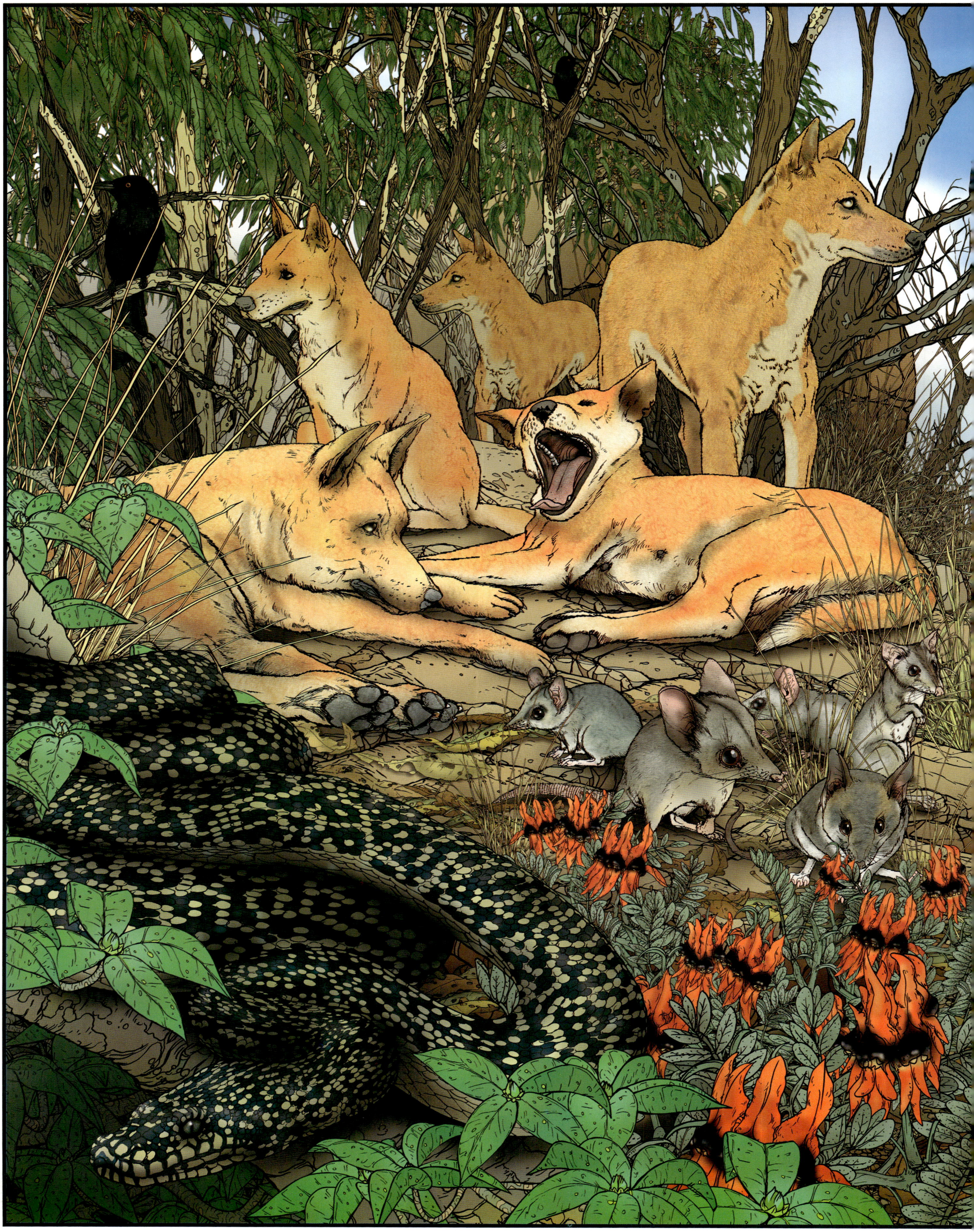

Dd

Darter
Death Adder
Diamond Python
Dibbler
Dingo
Dragonfly
Drongo Bird
Ducks
Dunnarts

Dd

Decorator Crab
Dogfish
Dolphin
Dolphin Fish
Drummer Fish
Dugong

Ee

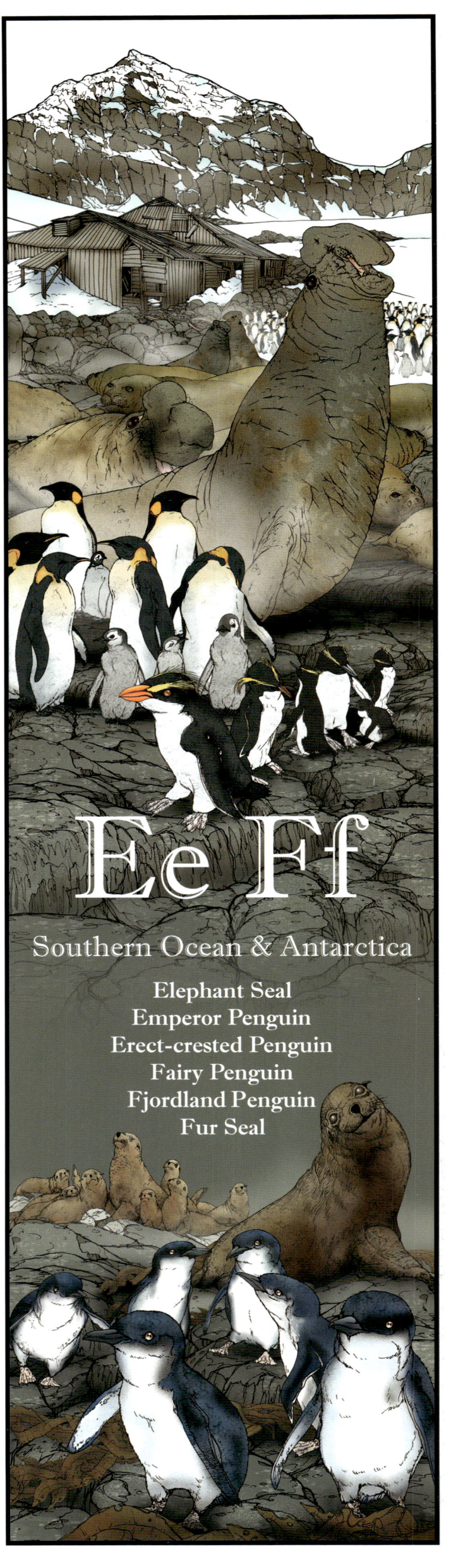

Eagle
Eastern Bristlebird
Eastern Brown Snake
Eastern Curlew
Eastern Mouse Spider
Eastern Robust Slider
Eastern Snake-necked Turtle
Eastern Water Dragon
Echidna
Eclectus Parrot
Egrets
Emperor Moth
Emu
Emu-Wrens

Ee Ff

Southern Ocean & Antarctica

Elephant Seal
Emperor Penguin
Erect-crested Penguin
Fairy Penguin
Fjordland Penguin
Fur Seal

Ff

Falcons
Fantails
Fat-tailed Dunnart
Feathertail Glider
Fierce Snake
File Snake
Finches & Firetails
Flycatcher
Flying Foxes
Freshwater Crocodile
Friarbirds
Frilled Neck Lizard
Frogmouths
Frogs
Funnel Web Spider

Galah
Gang-gang Cockatoo
Gannets
Gecko
Ghost Bat
Glossy Cockatoo
Golden Orb Weaver
Goshawk
Gould's Goanna
Gould's Long-eared Bat
Gould's Wattled Bat
Grasshopper
Greater Glider
Grebe
Green Tree Frog
Ground Parrot

Hh

Hare-Wallabies
Harriers
Hawk
Herons
Hobby
Honey Possum
Honeyeaters
Hopping Mice
Horseshoe Bats
Huntsman

Ii

Ibises
Ingram's Brown Snake
Inland Brown Snake
Inland Taipan
Interior Blind Snake
Intermediate Egret
Itarruta (Marsupial Mole)
Iwurra (Desert Bandicoot)
Ixobrychus minutes (Little Bittern)
Ixobrychus sinensis (both Yellow & Black Bitterns)

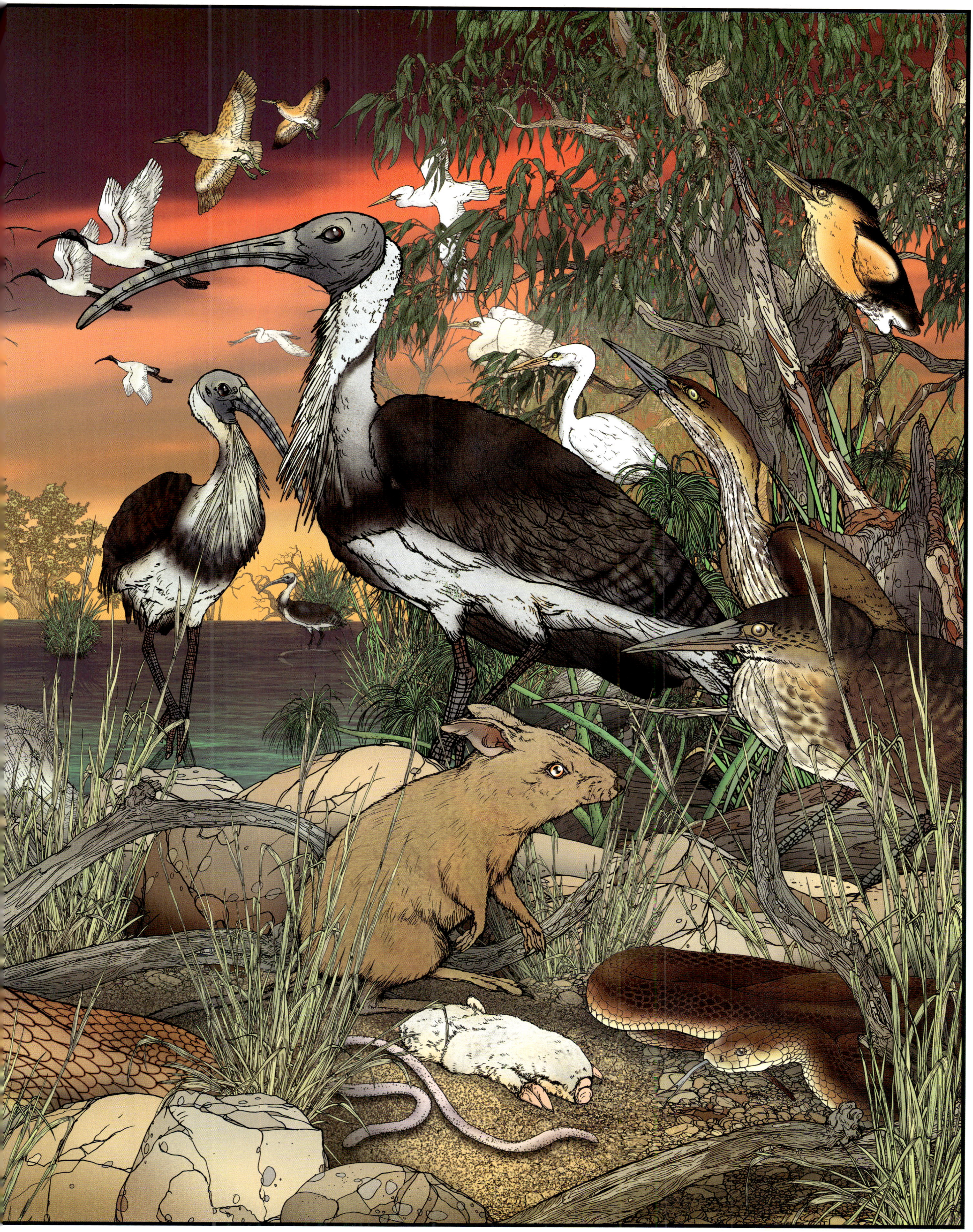

Ii
Insects

Beetles
Bull Ant
Bugs
Cicada
Cockroach
Dragonfly
Fly
Grasshopper
Leafhopper
Mosquito
Moths
Native Bee
Praying Mantis
Stick Insects
Ulysses Butterfly
Wasps
Weevil
Witchetty Grub

Inland Bent-winged Bat
Inland Broad-nosed Bat
Inland Freetail Bat
Inland Mastiff-bat

Jabiru
Jabiru Toadlet
Jacana
Jaeger
Jarabeena
(Bennett's Tree Kangaroo)
Javelin Frog
Jellyfish
Jerboa
Jewelled Gecko
Julia Creek Dunnart
Jungle Perch

Jj

Kk

Kangaroos
Karak
Keelback Snake
Kestral
King Brown Snake
Kingfishers
Kites
Koala
Kookaburra
Kowari
Kultarr

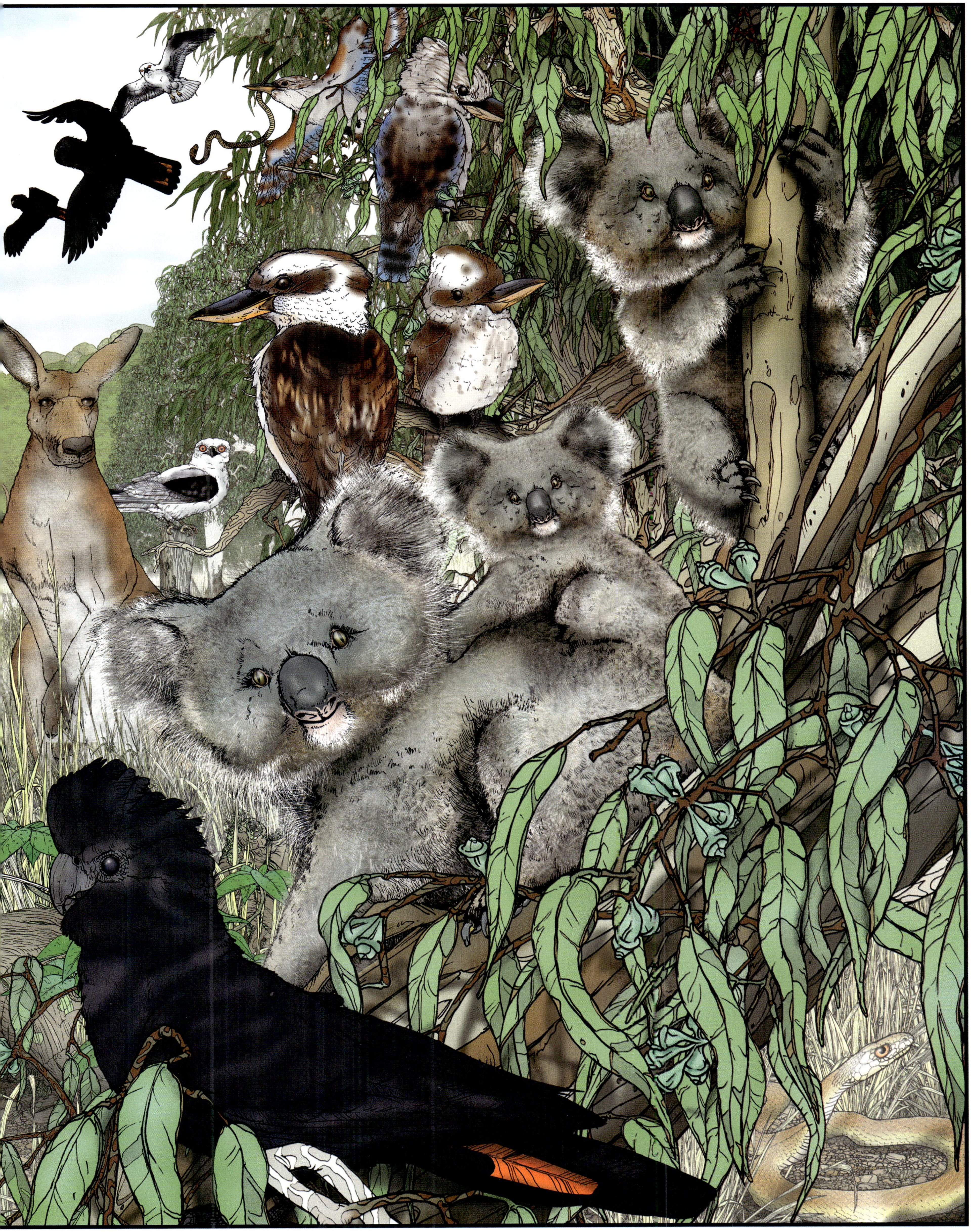

Ll

Laced Monitor
Leadbeater Possum
Lesser Long-eared Bat
Little Eagle
Little Mastiff-bat
Little Pygmy Possum
Little Raven
Long-tailed Pygmy Possum
Lorikeets
Lumholtz's Tree Kangaroo
Lyrebirds

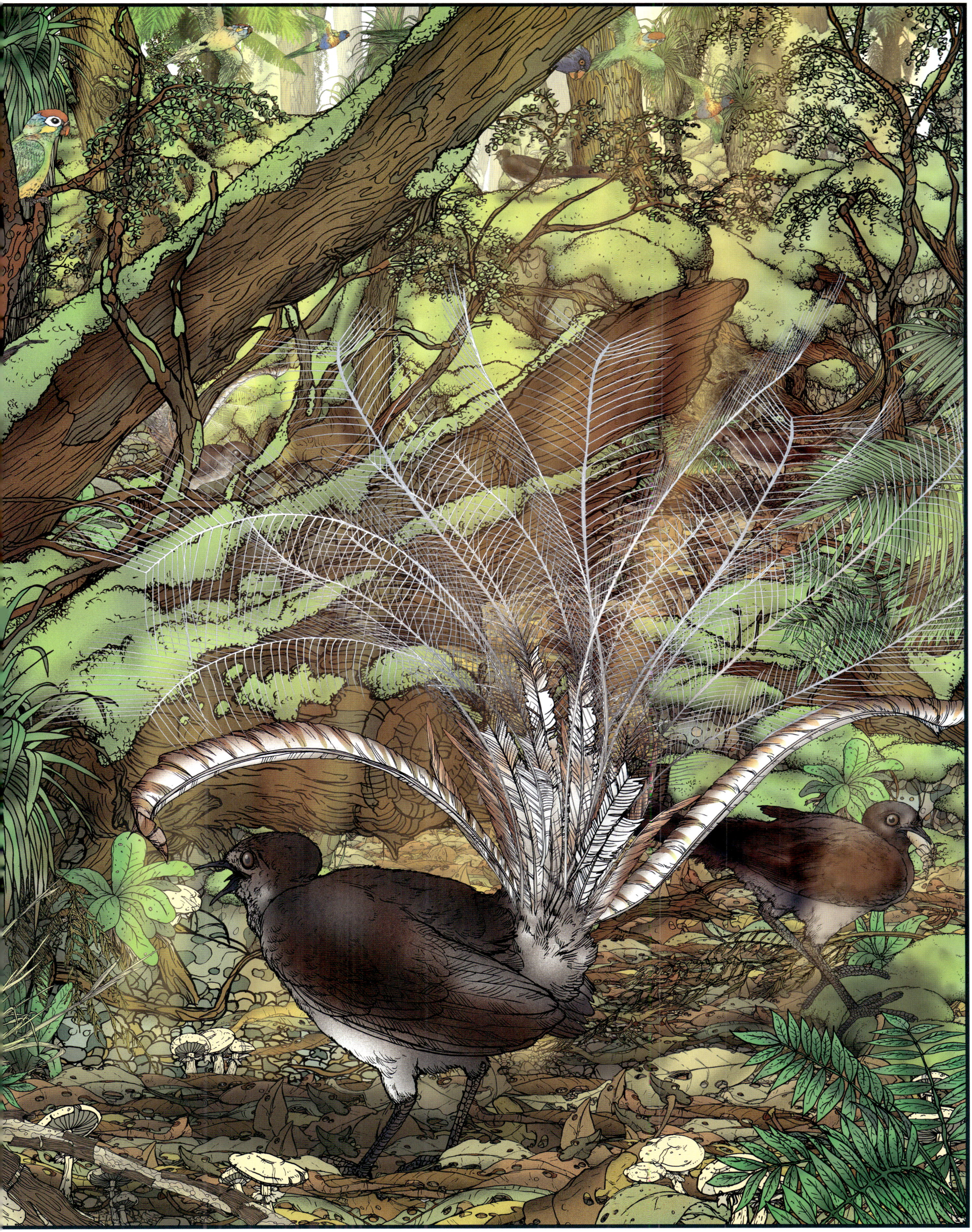

Mm

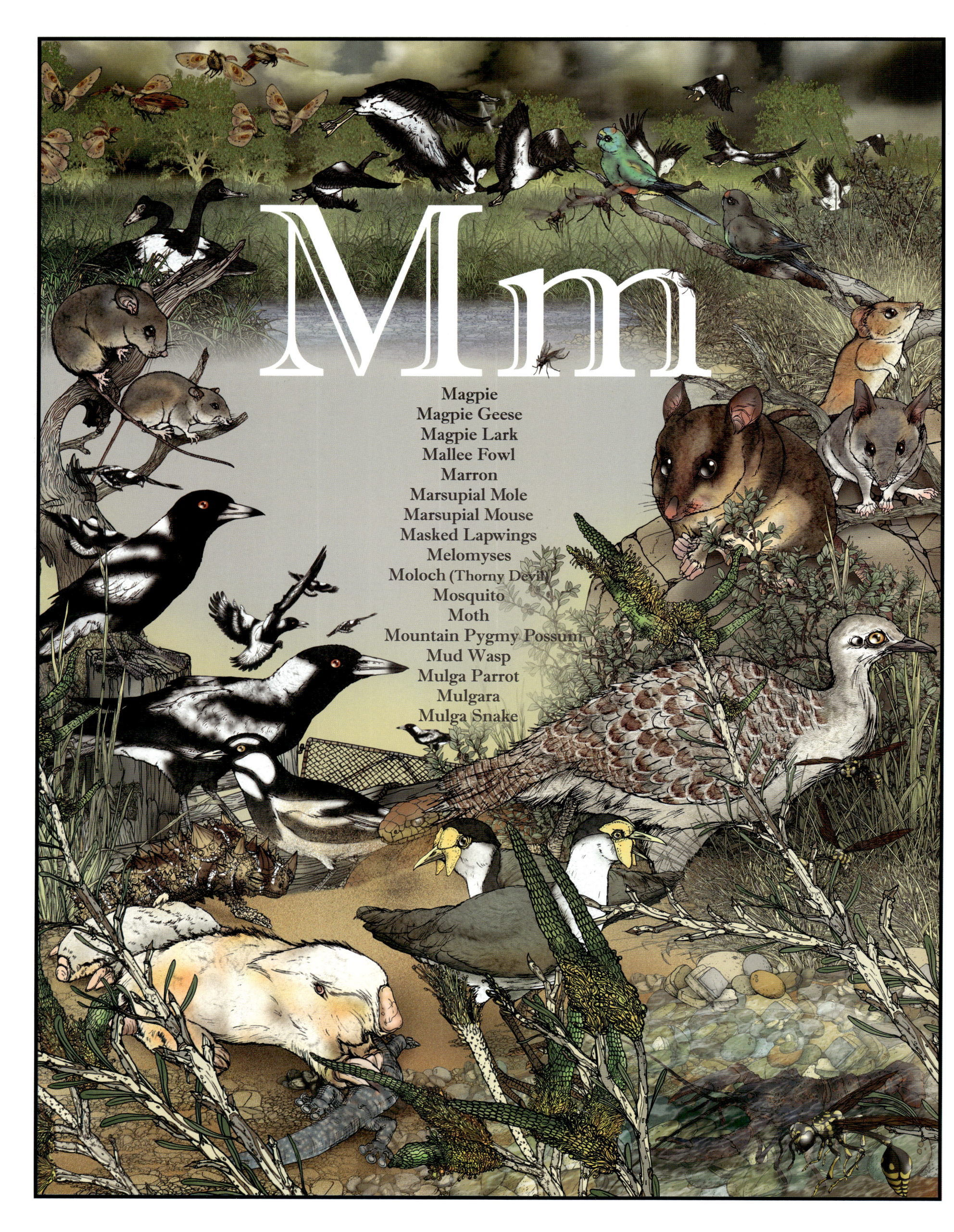

Magpie
Magpie Geese
Magpie Lark
Mallee Fowl
Marron
Marsupial Mole
Marsupial Mouse
Masked Lapwings
Melomyses
Moloch (Thorny Devil)
Mosquito
Moth
Mountain Pygmy Possum
Mud Wasp
Mulga Parrot
Mulgara
Mulga Snake

Nailtail Wallabies
Narbarlek
Narrow-nosed Planigale
New Holland Honeyeater
Nightjars
Ningaui
Ningbing Antechinus
Noddies
Northern Blossom Bat
Northern Smelly Long-necked Turtle
Northern White-lipped Water Dragon
Numbat

Nn

Oo

Octopus
Oenpelli Python
Olive Python
Olive Whipsnake
Ooldea Dunnart
Orange Chat
Orange-bellied Parrot
Orange-footed Scrubfowl
Origma
Orioles
Ornate Burrowing Frog
Osprey
Oystercatcher

Owls

Barking
Barn
Boobook
Grass
Masked
Powerful
Rufous

P p

Pacific Black Duck
Pacific Gull
Pademelons
Palm Cockatoo
Parrots
Pelican
Peregrine Falcon
Perentie
Phascogale (Brush-tailed)
Planigale
Platypus
Plovers
Possums
Potoroo
Praying Mantis

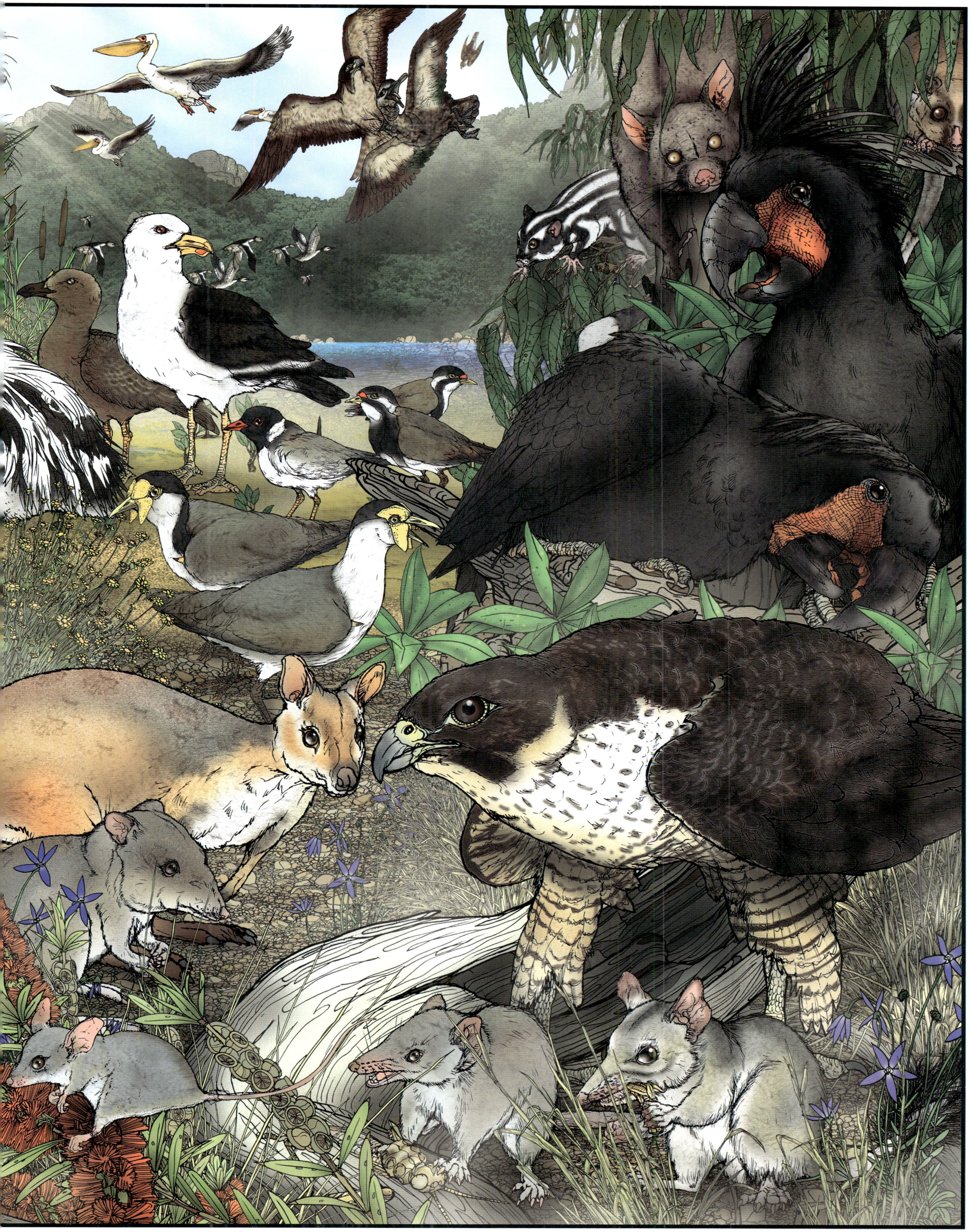

Qq

Quail
Quail-Thrush
Quenda (Brown Bandicoot)
Quokka

Quolls

Spotted Quoll
Western or Eastern Quoll
Northern Quoll
Southern Quoll

Rabbit-Rat
Rail
Rat
Rat Kangaroo
Ravens
Red Back Spider
Red-bellied Black Snake
Red-capped Toadlet
Red-eyed Tree Frog
Red Knot
Reed Warbler
Ringneck
Ringtail Possum
Robins
Rock Wallabies
Rosellas
Ruff
Rufous Night Heron

Rr

Ss

Sand Swimmer
Sandhill Frog
Scoliid Wasp
Scorpion
Sea Eagle
Shingleback Lizard
Silver Gull
Skink
Snail
Snake
Spiders
Spinifex Hopping Mouse
Spiny Short-necked Turtle
Spiny-tailed Skink
Spoonbills
Stick Insects
Stick-nest Rat
Stilts
Stripey Possum
Sugar Glider
Sunbird
Swallows
Swan

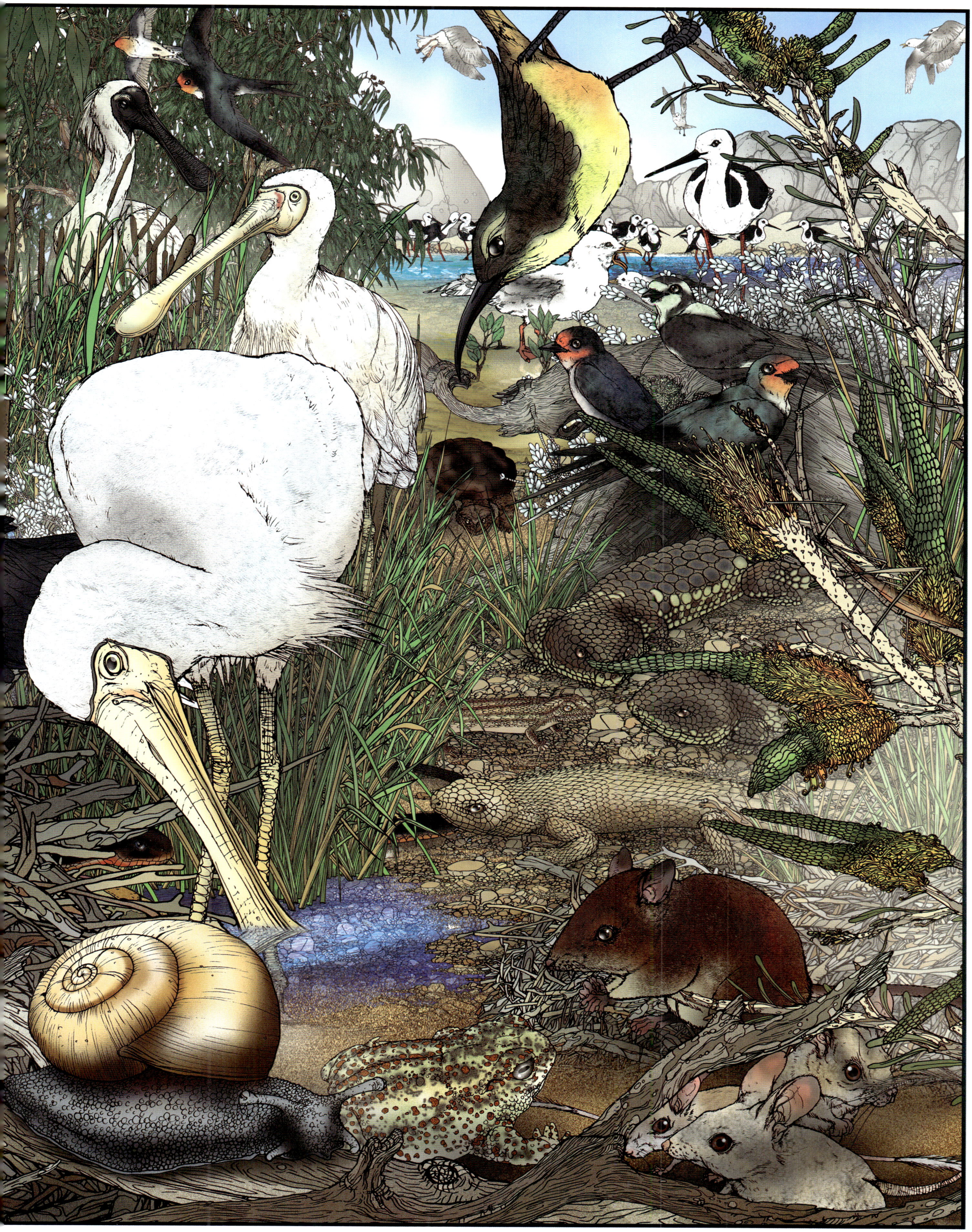

Ss

Sea Creatures

Abalone
Box Jellyfish
Crabs
Crayfish
Dolphin
Dugong
Fish
Fur Seal
Giant Clam
Moray Eel
Octopuses
Rays
Sea Dragons
Sea Horse
Sea Krait
Sea Snakes
Sea Stars
Sea Turtles
Sea Urchin
Sharks
Squids

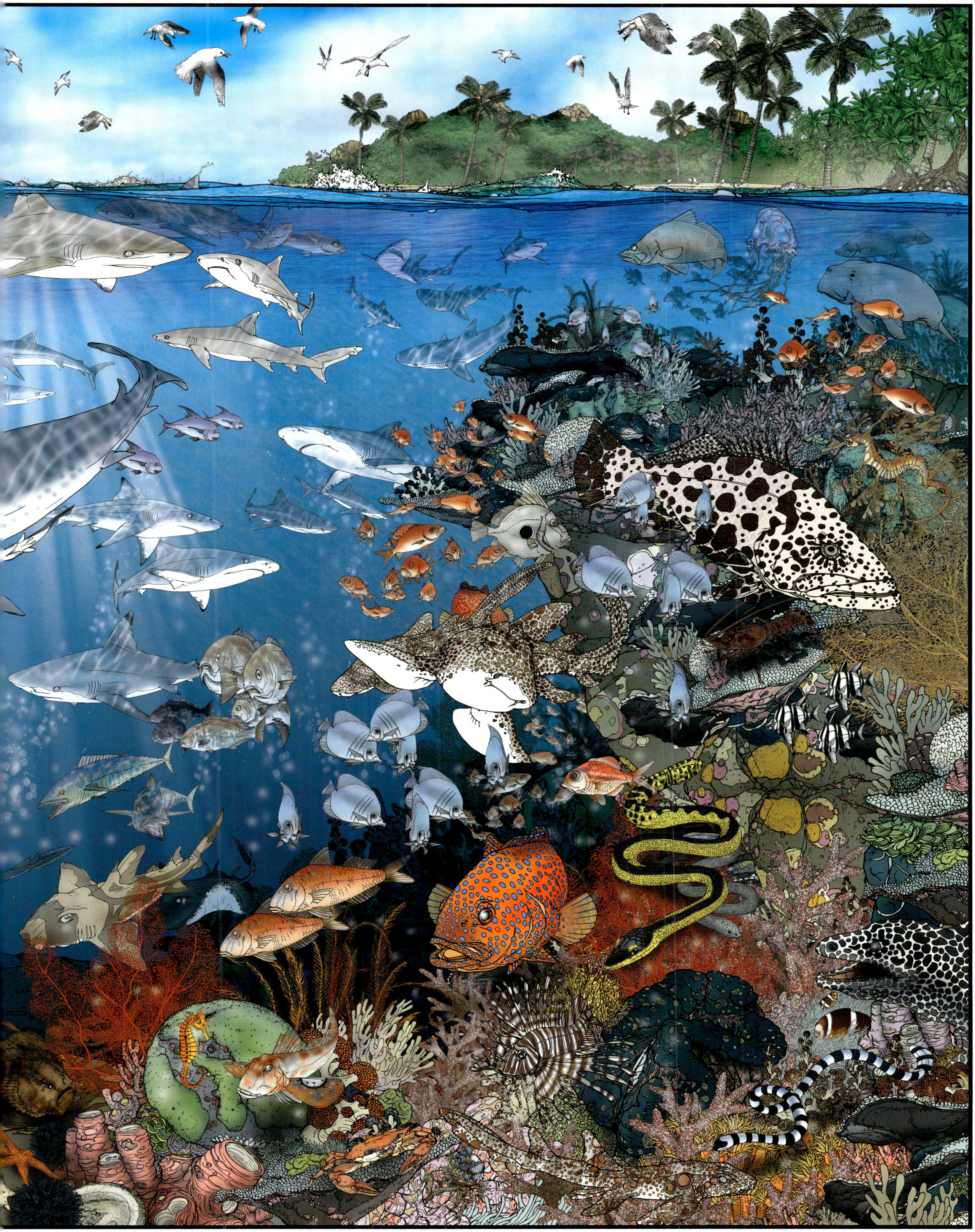

Tt

Taipan
Tammar Wallaby
Tasmanian Devil
Tasmanian Tiger (Thylacine)
Tawny Frogmouth
Termites
Terns
Thick-knees
Thornbills (Tits)
Thorny Devil (Moloch)
Tiger Cat (Tiger Quoll)
Tiger Moth
Tiger Snake
Torresian Crow
Treecreeper
Tree Frog
Tree Kangaroos
Tree Python
Tree Rat

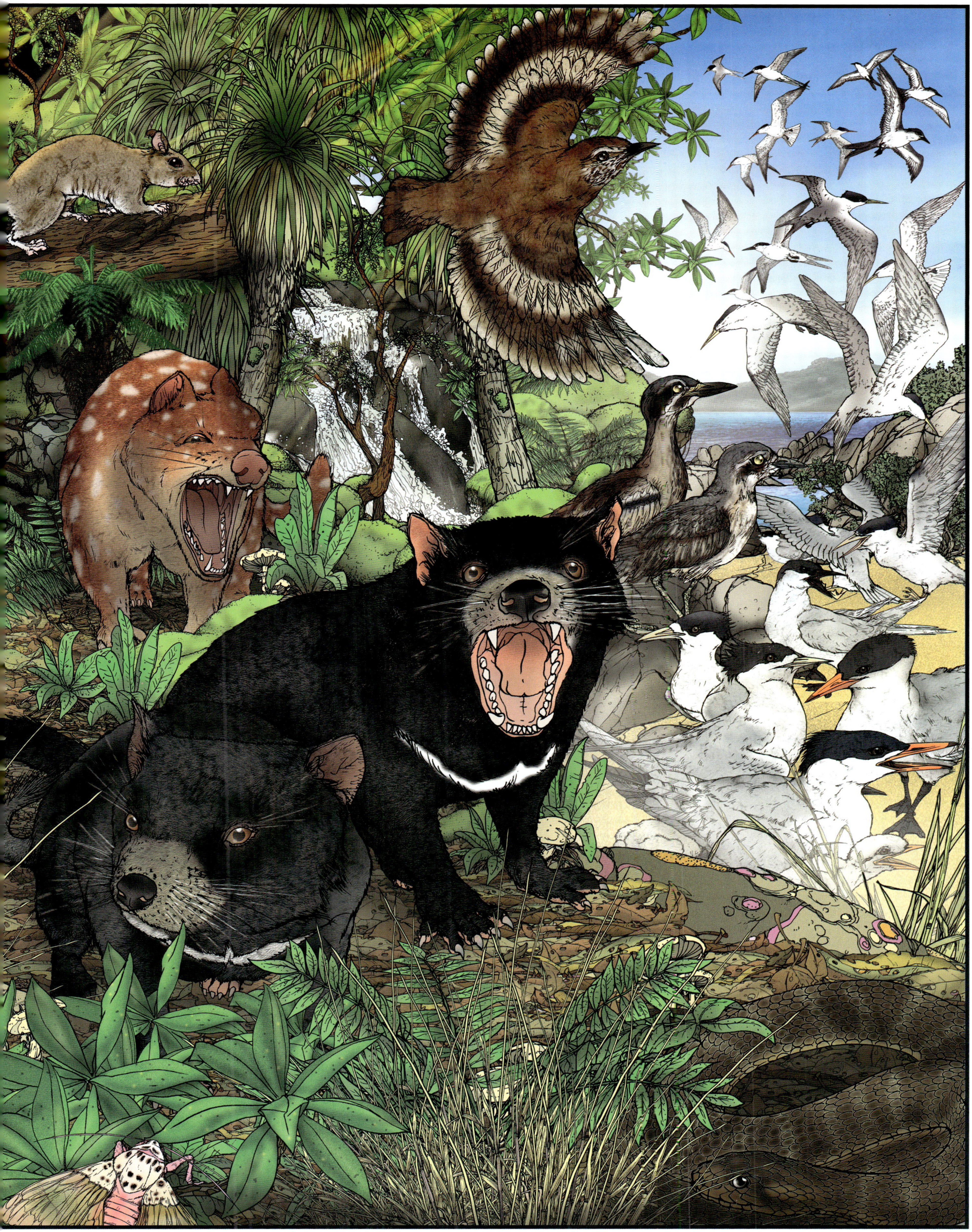

Uu

Ulysses Butterfly
Unadorned Desert Skink
Unadorned Rock Wallaby
Unbanded Delma (Legless Lizard)
Unbanded Shovel-nosed Snake
Urchins

Vv

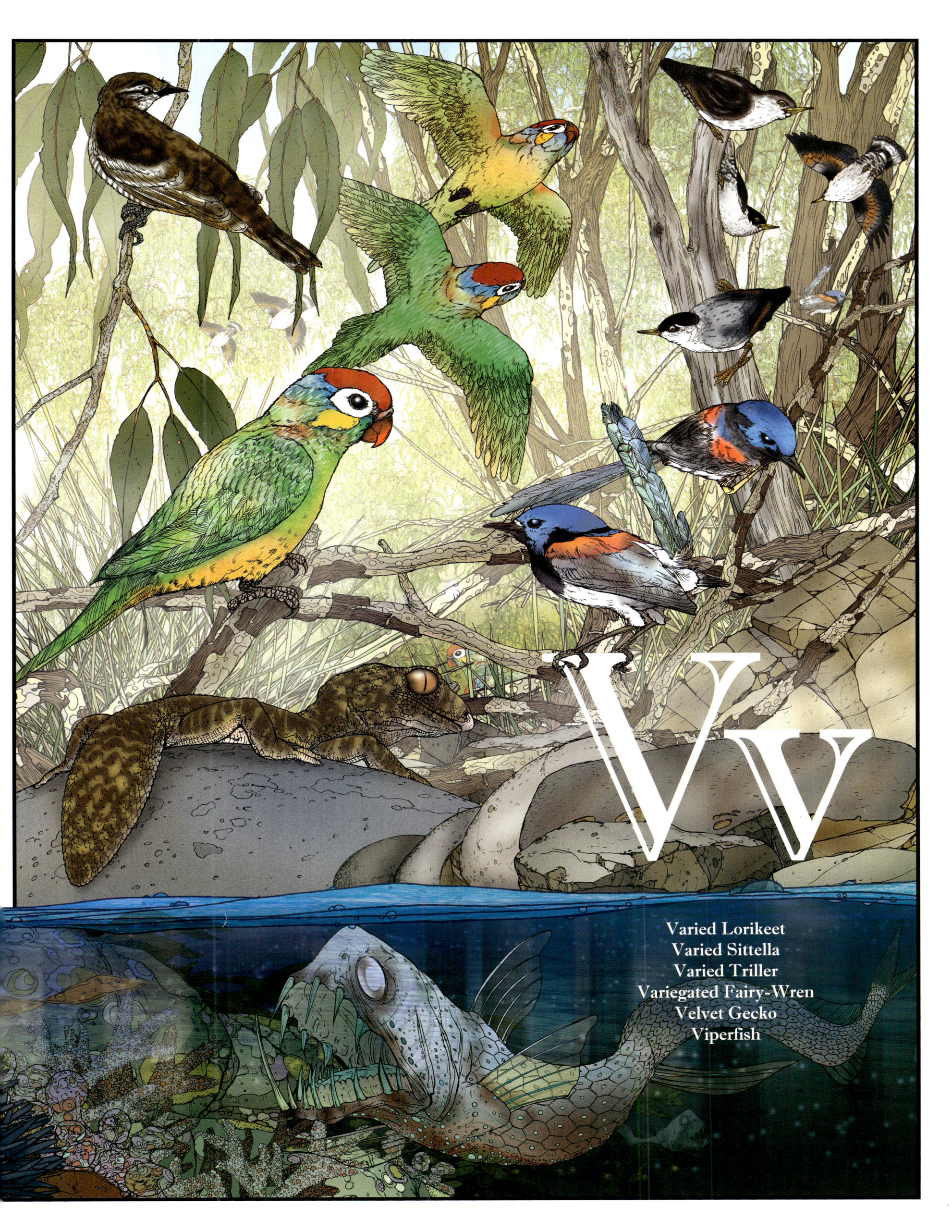

Varied Lorikeet
Varied Sittella
Varied Triller
Variegated Fairy-Wren
Velvet Gecko
Viperfish

Ww

Wallabies
Wallaroos
Warabi
Warbler
Wasps
Water Monitor
Wattlebird
Wedgebill
Wedge-tailed Eagle
Western Blue-tongue Lizard
Whipbirds
Whipsnake
Whistler Duck
Willie Wagtail
Witchetty Grub
Woma (Sandhill Python)
Wombats
Wood Duck
Wood Gecko
Wrens

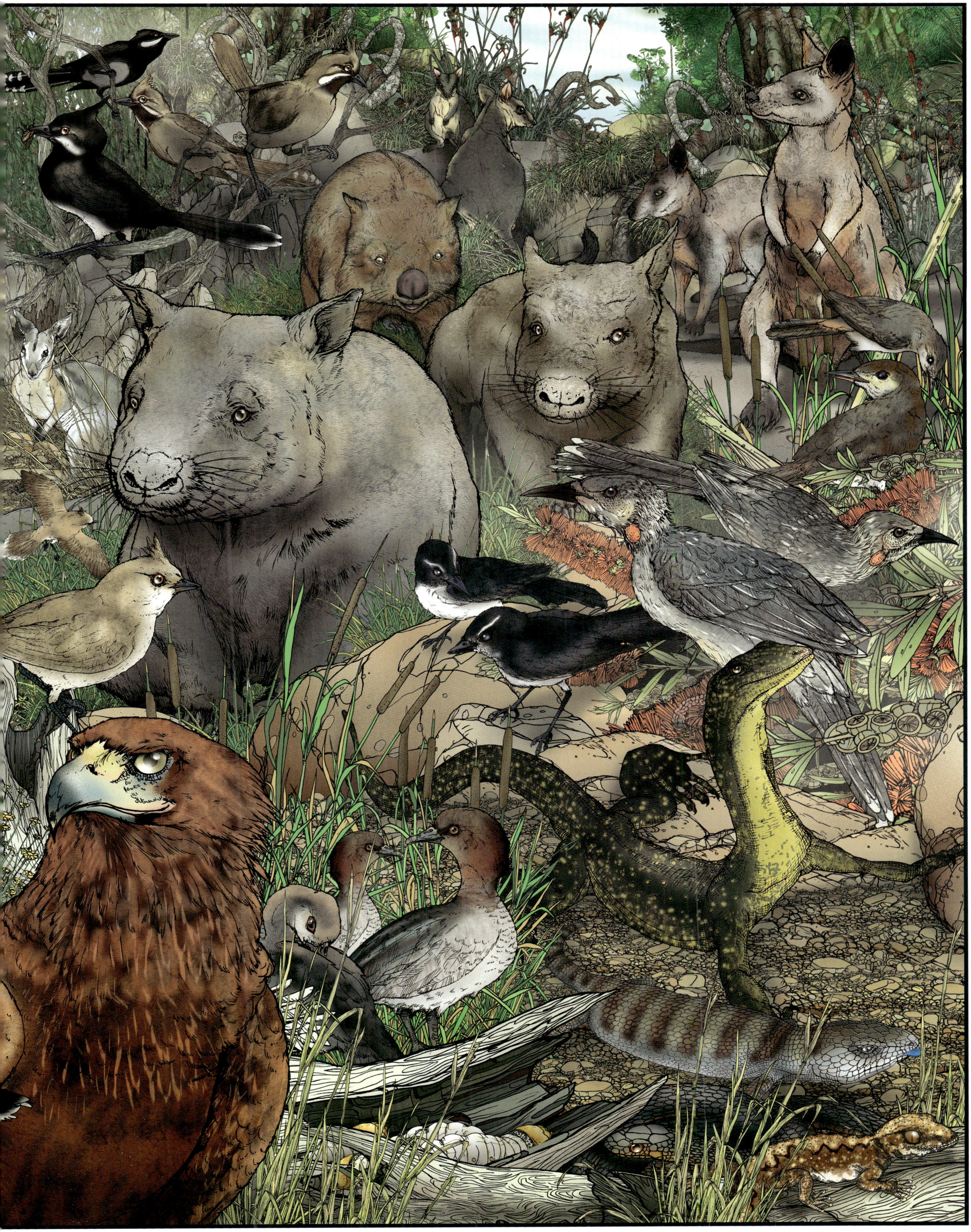

Ww

Wandering Albertross
Wedge-tailed Shearwater
White-bellied Storm-Petrel
White-faced Storm-Petrel
Wilson's Storm-Petrel

Whales

Blue Whale
Bryde's Whale
Humpback Whale
Killer Whale
Minke Whale
Pilot Whale
Southern Right Whale
Sperm Whale
Wahoo
Whale Shark
White Pointer

Xanthomyza phrygia
(Regent Honeyeater)
Xanthotis flaviventer
(Tawny-breasted Honeyeater)
Xanthotis macleayana
(Macleay's Honeyeater)
Xenus cinereus
(Terek Sandpiper)
Xeromys myoides
(False Water-Rat)

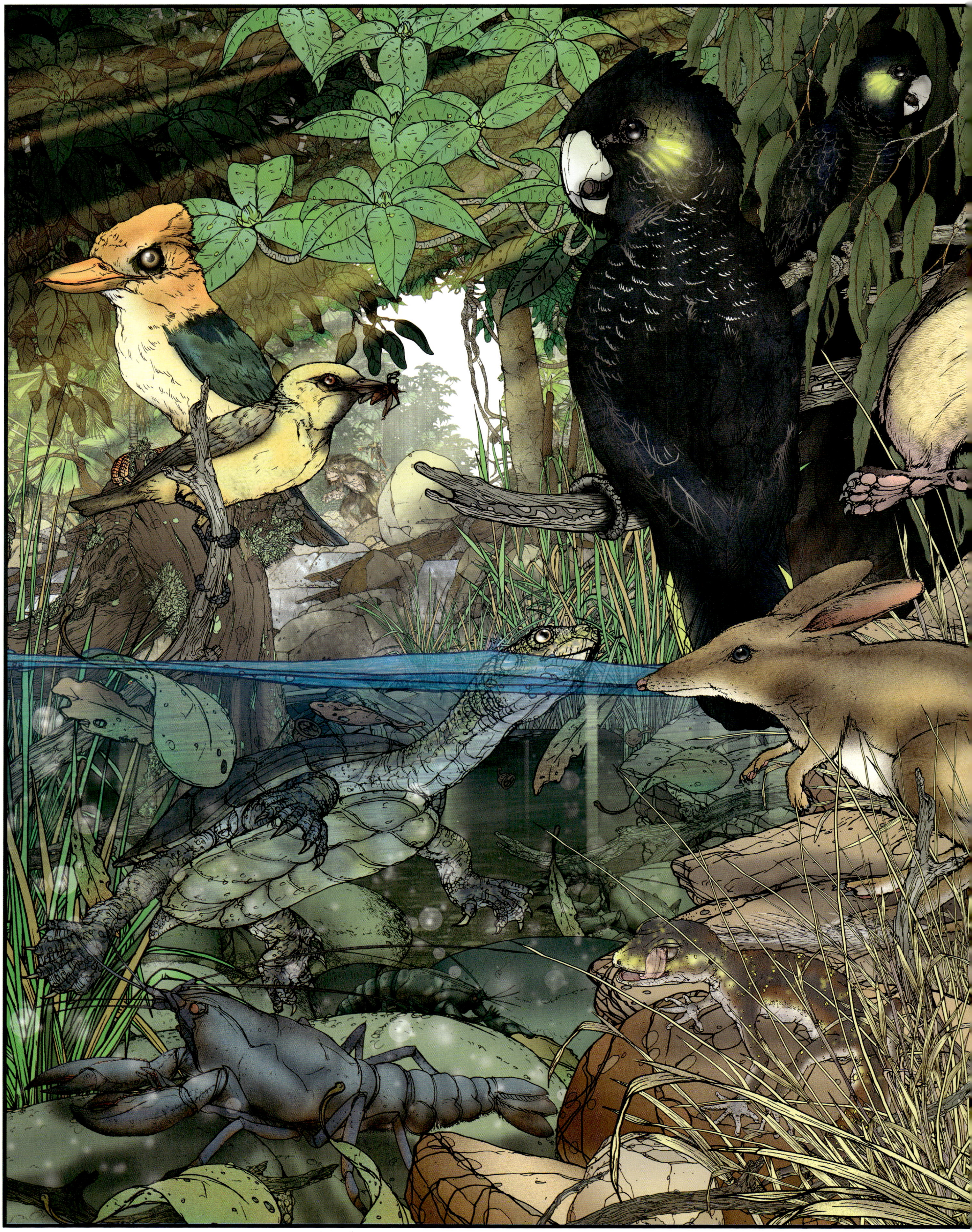

Yy

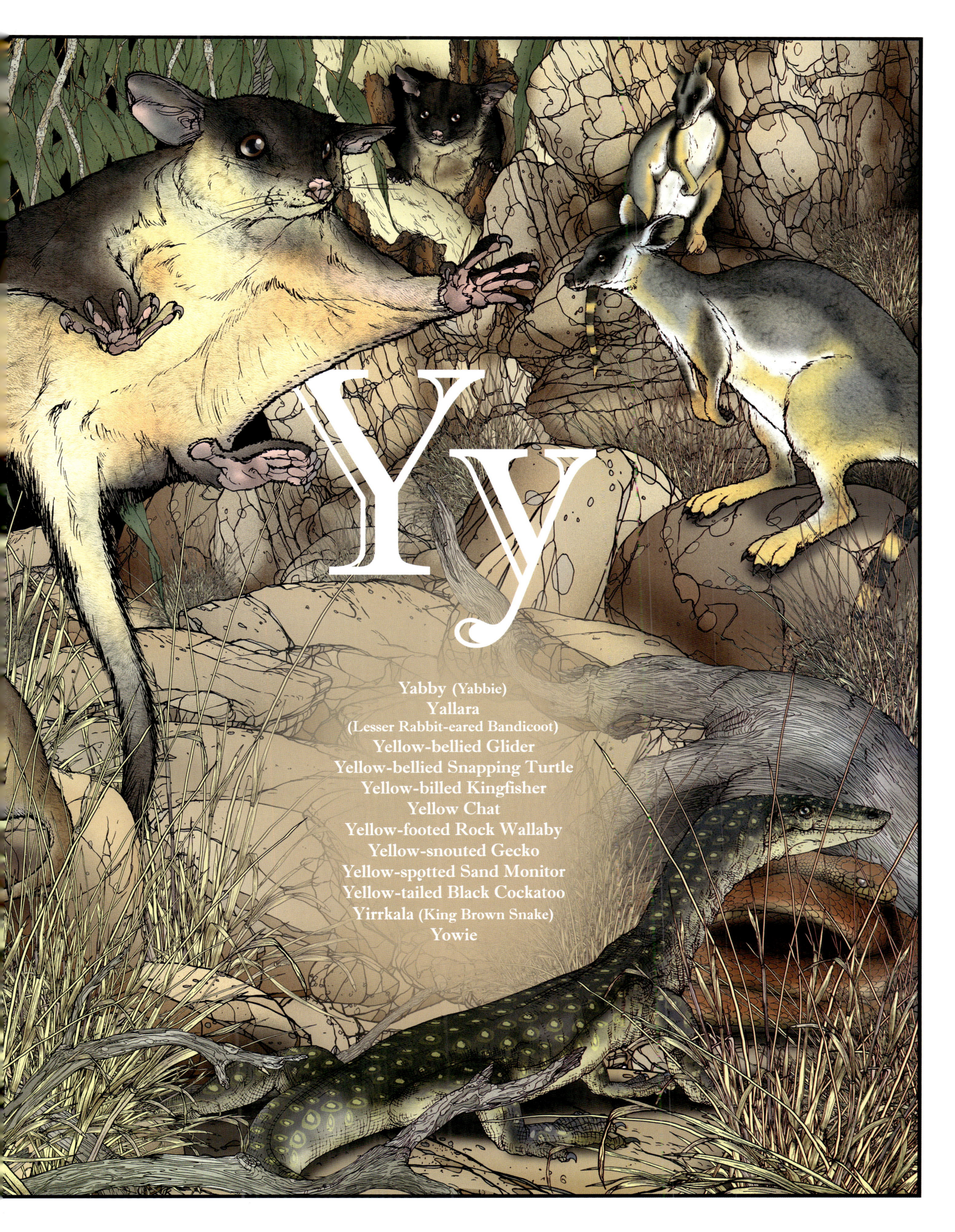

Yabby (Yabbie)
Yallara
(Lesser Rabbit-eared Bandicoot)
Yellow-bellied Glider
Yellow-bellied Snapping Turtle
Yellow-billed Kingfisher
Yellow Chat
Yellow-footed Rock Wallaby
Yellow-snouted Gecko
Yellow-spotted Sand Monitor
Yellow-tailed Black Cockatoo
Yirrkala (King Brown Snake)
Yowie

Zz

Zebra Finch
Zig-Zag Striped Wood Gecko
Zitting Cisticola
Zosterops citrinella
(Pale White-eye)
Zosterops lateralis
(Silvereye)
Zosterops lutea
(Yellow White-eye)

1) Abalone 2) Albatross 3) Alexandria Toadlet 4) Alpine Tree Frog 5) Anemone Fish 6) Antechinus 7) Ants (Black Ant & Bull Ant or Bulldog Ant) 8) Armoured River Froglet 9) Arctic Tern 10) Australian Fur Seal 11) Australian Seagull 12) Avocet 13) Azure Kingfisher

Bandicoots 1) Eastern Barred Bandicoot 2) Western Bandicoot 3) Bent-winged Bat 4) Bearded Dragon (with juvenile) 5) Bee (Native Stingless Bee) 6) Bennett's Tree Kangaroo (Jarabeena) • Bettongs 7) Brush-tailed Bettong 8) Rufous Bettong 9) Tasmanian Bettong 10) Bilby 11) Black Bittern 12) Black-breasted Buzzard 13) Black Tiger Snake 14) Blind Snake 15) Blue Bonnet 16) Blue-tongue Lizard 17) Bogong Moth 18) Booby • Bowerbirds 19) Regent Bowerbird 20) Satin Bowerbird 21) Boyd's Forest Dragon 22) Brolga 23) Brush Turkey 24) Budgerigar 25) Bunyip 26) Burrowing Frog 27) Burton's Snake-Lizard (Legless Lizard) 28) Bustard Bird • Butcherbirds 29) Grey Butcherbird 30) Pied Butcherbird • Butterflies 31) Ulysses 32) Yellow-winged Plus Beetles & Bugs

1) Cape Barron Geese 2) Cassowary (with young) 3) Cattle Egret • Chats 4) Crimson Chat 5) Orange Chat 6) Yellow Chat 7) Chough (White-winged) 8) Christmas Beetle 9) Cicada 10) Cockatiel • Cockatoos 11) Sulphur-crested Cockatoo 12) Glossy Cockatoo 13) Pink Cockatoo (Major Mitchell Cockatoo) • Coots 14) Bald Coot (Purple Swamphen) 15) Eurasian Coot 16) Copperhead (Snake) 17) Corella 18) Cormorant 19) Corroboree Frog 20) Crane • Crocodiles 21) Estuarine or Saltwater Crocodile 22) Freshwater Crocodile 23) Crow • Cuckoos 24) Bronze-Cuckoo 25) Brush Cuckoo 26) Channel-billed Cuckoo 27) Chestnut-breasted Cuckoo 28) Oriental Cuckoo • Curlews (Thick-knees) 29) Bush Curlew 30) Beach Curlew • Currawongs 31) Black Currawong 32) Grey Currawong 33) Pied Currawong • Cuscuses 34) Grey Cuscus 35) Spotted Cuscus

1) Darter 2) Death Adder 3) Diamond Python 4) Dibbler 5) Dingo 6) Dragonfly 7) Drongo Bird • Ducks 8) Maned Wood Ducks 9) Whistler Ducks • Dunnarts 10) Common Dunnart 11) Fat-tailed Dunnart 12) Julia Creek Dunnart 13) Ooldea Dunnart
14) Decorator Crab 15) Dogfish (Dog Shark) 16) Dolphin (Bottle Nosed) 17) Dolphin Fish • Drummer Fish 18) Silver Drummer Fish 19) Black Drummer Fish 20) Dugong

1) Eagle (Wedge-tailed) 2) Eastern Bristlebird 3) Eastern Brown Snake 4) Eastern Curlew 5) Eastern Mouse Spider 6) Eastern Robust Slider (Skink) 7) Eastern Snake-necked Turtle 8) Eastern Water Dragon 9) Echidna 10) Eclectus Parrot • Egrets 11) Cattle Egret 12) Great Egret 13) Intermediate Egret 14) Little Egret 15) Reef Egret 16) Emperor Moth 17) Emu (with young) • Emu-Wrens 18) Mallee Emu-Wren 19) Rufous-crowned Emu-Wren 20) Southern Emu-Wren

Southern Ocean & Antarctica 21) Elephant Seal 22) Emperor Penguin 23) Erect-crested Penguin 24) Fairy Penguin 25) Fjordland Penguin 26) Fur Seal (Australian)

Falcons 27) Brown Falcon 28) Peregrine Falcon • Fantails 29) Grey Fantail 30) Mangrove Fantail 31) Fat-tailed Dunnart 32) Feathertail Glider 33) Fierce Snake (Inland Taipan) 34) File Snake • Finches & Firetails 35) Beautiful Firetail 36) Crimson Finch 37) Double-barred Finch 38) Painted Firetail 39) Star Finch 40) Flycatcher (Broad-billed) • Flying Foxes (Fruit Bats) 41) Black Flying Fox 42) Grey-headed Flying Fox 43) Little Red Flying Fox 44) Spectacled Flying Fox • Friarbirds 45) Helmeted Friarbird 46) Noisy Friarbird 47) Silver-crowned Friarbird 48) Freshwater Crocodile 49) Frilled Neck Lizard • Frogmouths 50) Tawny Frogmouth 51) Papuan Frogmouth • Frogs 52) Alpine Tree Frog 53) Red-eyed Tree Frog 54) Funnel Web Spider Plus a Feral Rabbit and Flies

1) Galah 2) Gang-gang Cockatoo • Gannets 3) Australasian Gannet 4) Masked Gannet (Masked Booby) 5) Gecko (Knob-tailed) 6) Ghost Bat (False Vampire Bat) 7) Glossy Cockatoo 8) Golden Orb Weaver Spider 9) Goshawk 10) Gould's Goanna (Gould's Monitor) 11) Gould's Long-eared Bat 12) Gould's Wattled Bat 13) Grasshopper 14) Greater Glider 15) Grebe (Crested) 16) Green Tree Frog 17) Ground Parrot

Hare-Wallabies 18) Banded Hare-Wallaby 19) Rufous Hare-Wallaby 20) Spectacled Hare-Wallaby • Harriers 21) Spotted Harrier 22) Swamp Harrier 23) Hawk (Brown) • Herons 24) Pacific Heron 25) Pied Heron (with juvenile) 26) Rufous Night Heron (Nankeen Night Heron) 27) Striated Heron 28) White-faced or White-fronted Heron 29) Hobby 30) Honey Possum (Noolbenger) • Honeyeaters 31) Black-chinned Honeyeater (with nest and young) 32) Helmeted Honeyeater 33) Grey-headed Honeyeater 34) New Holland Honeyeater 35) Varied Honeyeater 36) White-plumed Honeyeater (Native Canary) • Hopping Mice 37) Dusky Hopping Mouse 38) Mitchell's Hopping Mouse 39) Spinifex Hopping Mouse • Horseshoe Bats 40) Dusky Horseshoe Bat 41) Eastern Horseshoe Bat 42) Huntsman (Spider)

Ibises 1) Glossy Ibis **2)** Sacred Ibis (White Ibis) **3)** Straw-necked Ibis **4)** Ingram's Brown Snake **5)** Inland Brown Snake (Mulga Snake, King Brown Snake or Yirrkala) **6)** Inland Taipan (Fierce Snake) **7)** Interior Blind Snake **8)** Intermediate Egret **9)** Itarruta (Marsupial Mole) **10)** Iwurra (Desert Bandicoot) **11)** Ixobrychus minutes (Little Bittern) **12)** Ixobrychus sinensis (Black Bittern) **13)** Ixobrychus sinensis (Yellow Bittern)

Insects 1) Beetles **2)** Bull Ant **3)** Bugs **4)** Cicada **5)** Cockroach **6)** Dragonfly **7)** Fly **8)** Grasshopper **9)** Leafhopper **10)** Mosquito • Moths **11)** Bogong Moth **12)** Common Moth **13)** Emperor Moth **14)** Tiger Moth **15)** Native Stingless Bee **16)** Praying Mantis • Stick Insects **17)** Common Stick Insect **18)** Large Inland Stick Insect **19)** Ulysses Butterfly • Wasps **20)** Mud Wasp **21)** Scoliid Wasp **22)** Weevil **23)** Witchetty Grub

24) Inland Bent-winged Bat **25)** Inland Broad-nosed Bat **26)** Inland Freetail Bat **27)** Inland Mastiff-bat

28) Jabiru **29)** Jabiru Toadlet **30)** Jacana **31)** Jaeger **32)** Jarabeena (Bennett's Tree Kangaroo) **33)** Javelin Frog **34)** Box Jellyfish **35)** Jerboa **36)** Jewelled Gecko **37)** Julia Creek Dunnart **38)** Jungle Perch

Kangaroos 1) Red Kangaroo **2)** Eastern Grey Kangaroo **3)** Karak (Eastern Red-tailed Black Cockatoo) **4)** Keelback Snake **5)** Kestral (Australian) **6)** King Brown Snake (Mulga Snake, Inland Brown Snake or Yirrkala) • **Kingfishers 7)** Azure Kingfisher **8)** Buff-breasted Paradise Kingfisher **9)** Sacred Kingfisher **10)** Yellow-billed Kingfisher • **Kites 11)** Black Kite **12)** Black-shouldered Kite **13)** Letter-winged Kite **14)** Whistling Kite **15)** Koala (with young) • **Kookaburras 16)** Blue-winged Kookaburra **17)** Laughing Kookaburra **18)** Kowari **19)** Kultarr

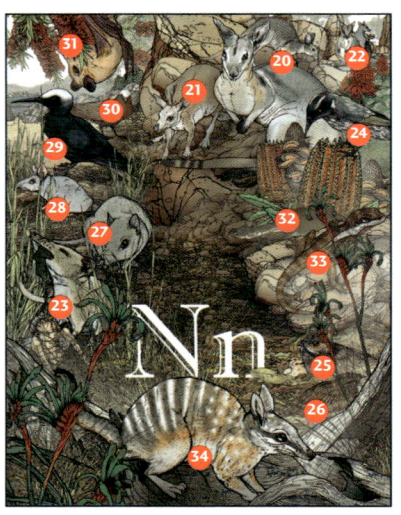

1) Laced Monitor **2)** Leadbeater Possum **3)** Lesser Long-eared Bat **4)** Little Eagle **5)** Little Mastiff-bat **6)** Little Pygmy Possum **7)** Little Raven **8)** Long-tailed Pygmy Possum • **Lorikeets 9)** Rainbow Lorikeet **10)** Varied Lorikeet **11)** Lumholtz's Tree Kangaroo • **Lyrebirds 12)** Albert's Lyrebird **13)** Female Superb Lyrebird **14)** Male Superb Lyrebird

1) Magpie **2)** Magpie Geese **3)** Magpie Lark **4)** Mallee Fowl **5)** Marron (Freshwater Crayfish) **6)** Marsupial Mole (Itarruta) **7)** Marsupial Mouse (Common Dunnart) • **Masked Lapwings 8)** Northern Masked Lapwing (Spur-winged Plover) **9)** Southern Masked Lapwing (Spur-winged Plover) • **Melomyses 10)** Fawn-footed Melomys **11)** Thornton Peak Melomys **12)** Moloch (Thorny Devil) **13)** Mosquito **14)** Common Moth **15)** Mountain Pygmy Possum **16)** Mud Wasp **17)** Mulga Parrot **18)** Mulgara (Brush-tailed Marsupial Mouse) **19)** Mulga Snake, (King Brown Snake)

Nailtail Wallabies 20) Bridled Nailtail Wallaby **21)** Northern Nailtail Wallaby **22)** Narbarlek **23)** Narrow-nosed Planigale **24)** New Holland Honeyeater • **Nightjars 25)** Large-tailed Nightjar (with chicks) **26)** Spotted Nightjar **27)** Ningaui (Pilbara Marsupial Mouse) **28)** Ningbing Antechinus • **Noddies 29)** Black Noddy **30)** Common Noddy or Brown Noddy **31)** Northern Blossom Bat **32)** Northern Smelly Long-necked Turtle **33)** Northern White-lipped Water Dragon **34)** Numbat

1) Octopus (Sand Octopus) **2)** Oenpelli Python **3)** Olive Python **4)** Olive Whipsnake **5)** Ooldea Dunnart **6)** Orange Chat **7)** Orange-bellied Parrot **8)** Orange-footed Scrubfowl **9)** Origma • **Orioles 10)** Olive-backed Oriole **11)** Yellow Oriole **12)** Ornate Burrowing Frog **13)** Osprey **14)** Oystercatcher • **Owls 15)** Barking Owl **16)** Barn Owl **17)** Boobook (Southern Boobook) **18)** Grass Owl **19)** Masked Owl **20)** Powerful Owl **21)** Rufous Owl

1) Pacific Black Duck 2) Pacific Gull (with juvenile) • Pademelons 3) Red-legged Pademelon 4) Tasmanian Pademelon (with Joey) 5) Palm Cockatoo • Parrots 6) Eclectus Parrot 7) Hooded Parrot 8) King Parrot 9) Mulga Parrot 10) Paradise Parrot 11) Pelican 12) Peregrine Falcon 13) Perentie (Rock Monitor or Northern Goanna) 14) Phascogale (Brush-tailed) 15) Planigale 16) Platypus • Plovers 17) Banded Lapwing 18) Hooded Plover 19) Northern Masked Lapwing (Spur-winged Plover) 20) Southern Masked Lapwing (Spur-winged Plover) • Possums 21) Brushtail Possum 22) Pygmy Possum 23) Stripey Possum 24) Ringtail Possum 25) Potoroo 26) Praying Mantis

1) Quail (Native) 2) Quail-Thrush (with chicks) 3) Quenda (Brown Bandicoot) 4) Quokka • Quolls 5) Northern Quoll 6) Southern Quoll 7) Spotted Quoll or Tiger Quoll 8) Western or Eastern Quoll (very similar in appearance)

9) Rabbit-Rat 10) Rail (Painted) 11) Rat (Native White-tailed Bush Rat) 12) Rat Kangaroo • Ravens 13) Australian Raven 14) Little Raven 15) Red Back Spider 16) Red-bellied Black Snake 17) Red-capped Toadlet 18) Red-eyed Tree Frog 19) Red Knot 20) Reed Warbler 21) Ringneck 22) Ringtail Possum • Robins 23) Flame-breasted Robin (Robin Redbreast) 24) Red-capped Robin 25) Rose Robin • Rock Wallabies 26) Black-footed Rock Wallaby 27) Brush-tailed Rock Wallaby 28) Unadorned Rock Wallaby • Rosellas 29) Black-headed Rosella 30) Crimson Rosella 31) Crimson Rosella (Adelaide form) 32) Crimson Rosella (Yellow form) 33) Eastern Rosella 34) Green Rosella (Tasmanian Rosella) 35) Western Rosella 36) White-cheeked Rosella 37) Ruff 38) Rufous Night Heron (Nankeen Night Heron)

1) Sand Swimmer (Skink) 2) Sandhill Frog 3) Scoliid Wasp 4) Scorpion 5) Sea Eagle (with juvenile) 6) Shingleback Lizard 7) Silver Gull 8) Skink (Common Bronze Skink) 9) Snail (Native Forest Snail) 10) Snake (Red-bellied Black Snake) • Spiders 11) Spider in web 12) Eastern Mouse Spider 13) Spinifex Hopping Mice (with juvenile) 14) Spiny Short-necked Turtle 15) Spiny-tailed Skink • Spoonbills 16) Yellow-billed Spoonbill 17) Royal Spoonbill • Stick Insects 18) Common Stick Insect 19) Large Inland Stick Insect 20) Stick-nest Rat • Stilts 21) Banded Stilt 22) Black-winged Stilt 23) Stripey Possum 24) Sugar Glider 25) Sunbird (Yellow-bellied) • Swallows 26) Barn Swallow 27) Welcome Swallow 28) White-backed Swallow 29) Swan

Sharks 1) Black-tipped Reef Shark 2) Blue Shark 3) Blue Whaler 4) Bronze Whaler 5) Cat Shark 6) Dogfish (Dog Shark) 7) Elephant Shark (Elephantfish or Ghost Shark) 8) Grey Nurse Shark 9) Grey Reef Shark 10) Hammerhead 11) Leopard Shark 12) Mako (Blue Pointer) 13) Port Jackson Shark 14) Seven-gilled Shark 15) Thresher Shark 16) Tiger Shark 17) Whale Shark 18) White Pointer (Great White Shark) 19) White-tipped Reef Shark 20) Wobbegong
Sea Turtles 21) Flatback Turtle 22) Green Turtle 23) Loggerhead Turtle 24) Olive or Pacific Ridley Turtle
Sea Creatures 25) Abalone 26) Anemone Fish 27) Angel Fish 28) Barramundi 29) Blue-ringed Octopus 30) Butterfly Cod 31) Cora Cod • Crabs 32) Decorator Crab 33) Mud Crab 34) Sand Crab 35) Tasmanian Giant Crab 36) Crayfish 37) Cuttlefish 38) Dolphin 39) Dolphin fish 40) Drummer fish 41) Dugong 42) Giant Clam 43) Giant Squid 44) Goatfish (Red Mullet) 45) Gurnard 46) Jellyfish (Box Jellyfish) 47) John Dory 48) Manta Ray 49) Marlin 50) Moray Eel 51) Mullet 52) Nannygai 53) Old Wife (Zebrafish) 54) Potatoe Cod 55) Remora (Suckerfish) 56) Sand Octopus • Sea Dragons 57) Weedy Sea Dragon 58) Leafy Sea Dragon 59) Sea Krait • Sea Snakes 60) Olive-headed Sea Snake 61) Stoke's Sea Snake 62) Yellow-bellied Sea Snake 63) Sea Stars 64) Seahorse 65) Seals (Australian Fur-seals) 66) Smooth Stingray 67) Sea Urchins 68) Snapper (Red or Pink) 69) Soldierfish 70) Squid 71) Stonefish 72) Trevally 73) Viperfish 74) Wahoo (Mackerel) 75) Whale (Humpback)

1) Taipan 2) Tammar Wallaby 3) Tasmanian Devil 4) Tasmanian Tiger (Thylacine) 5) Tawny Frogmouth 6) Termites • Terns 7) Arctic Tern 8) Caspian Tern (with chicks) 9) Common Tern 10) Crested Tern 11) Gull-billed Tern 12) Sooty Tern • Thick-knees 13) Bush Stone-Curlew 14) Beach Stone-Curlew • Thornbills 15) Chestnut-rumped Thornbill (Tit) 16) Samphire Thornbill 17) Striated Thornbill (Tit) 18) Western Thornbill 19) Thorny Devil (Moloch) 20) Tiger Cat (Tiger Quoll, Spotted Quoll or Tasmanian Quoll) 21) Tiger Moth 22) Tiger Snake 23) Torresian Crow 24) Treecreeper (White-browed) 25) Tree Frog (Green) • Tree Kangaroos 26) Bennett's Tree Kangaroo 27) Lumholtz's Tree Kangaroo 28) Tree Python (Green) 29) Tree Rat

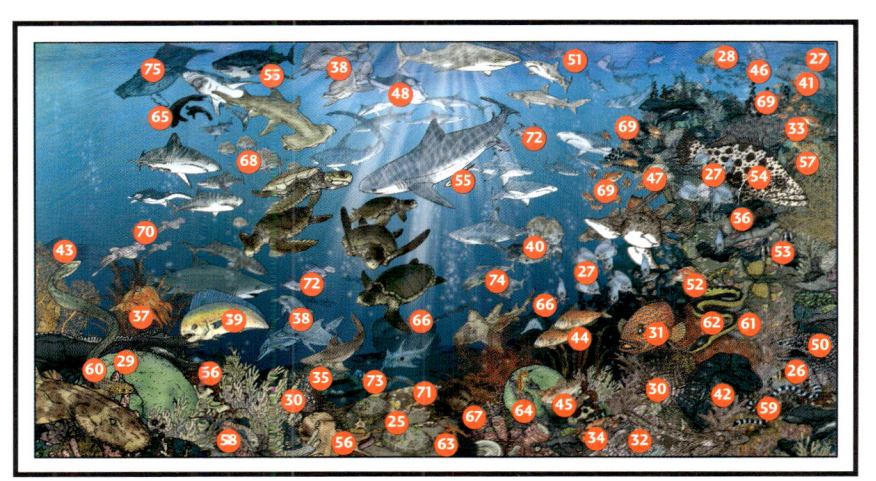

1) Ulysses Butterfly **2)** Unadorned Desert Skink **3)** Unadorned Rock Wallaby **4)** Unbanded Delma (Legless lizard) **5)** Unbanded Shovel-nosed Snake **6)** Urchins (sea) **Plus** Uluru
....
7) Varied Lorikeet **8)** Varied Sittella **9)** Varied Triller **10)** Variegated Fairy-Wren **11)** Velvet Gecko **12)** Viperfish

Wallabies **1)** Agile Wallaby **2)** Black-striped Wallaby **3)** Bridled Nailtail Wallaby **4)** Parma Wallaby **5)** Swamp Wallaby **6)** Tammar Wallaby **7)** Whiptail Wallaby • Wallaroos **8)** Black Wallaroo **9)** Common Wallaroo **10)** Warabi (smallest known Wallaby in Australia) **11)** Warbler • Wasps **12)** Mud Wasp **13)** Scoliid Wasp **14)** Water Monitor **15)** Wattlebird (Red) **16)** Wedgebill **17)** Wedge-tailed Eagle **18)** Western Blue-tongue Lizard • Whipbirds **19)** Eastern Whipbird **20)** Western Whipbird **21)** Whipsnake **22)** Whistler Duck (Plumed Whistling-duck) **23)** Willie Wagtail **24)** Witchetty Grub **25)** Woma (Sandhill Python) • Wombats **26)** Common Wombat **27)** Northern Hairy-nosed Wombat **28)** Southern Hairy-nosed Wombat **29)** Wood Duck (Maned) **30)** Wood Gecko (Zig-Zag Striped Wood Gecko) • Wrens **31)** Lovely Wren **32)** Purple-crowned Wren **33)** Splendid Wren **34)** Superb Fairy-Wren **35)** Variegated Fairy-Wren

1) Wandering Albertross **2)** Wedge-tailed Shearwater **3)** White-bellied Storm-Petrel **4)** White-faced Storm-Petrel **5)** Wilson's Storm-Petrel
Whales 6) Blue Whale **7)** Bryde's Whale **8)** Humpback Whale (with Juvenile) **9)** Killer Whale **10)** Minke Whale **11)** Pilot Whale **12)** Southern Right Whale **13)** Sperm Whale **14)** Wahoo (Mackerel) **15)** Whale Shark **16)** White Pointer (Great White Shark)
....
17) Xanthomyza phrygia (Regent Honeyeater) **18)** Xanthotis flaviventer (Tawny-breasted Honeyeater) **19)** Xanthotis macleayana (Macleay's Honeyeater) **20)** Xenus cinereus (Terek Sandpiper) **21)** Xeromys myoides (False Water-Rat)

1) Yabby (Yabbie) **2)** Yallara (Lesser Rabbit-eared Bandicoot) **3)** Yellow-bellied Glider **4)** Yellow-bellied Snapping Turtle **5)** Yellow-billed Kingfisher **6)** Yellow Chat **7)** Yellow-footed Rock Wallaby **8)** Yellow-snouted Gecko **9)** Yellow-spotted Sand Monitor **10)** Yellow-tailed Black Cockatoo **11)** Yirrkala (King Brown Snake or Mulga Snake) **12)** Yowie

1) Zebra Finch **2)** Zig-Zag Striped Wood Gecko **3)** Zitting Cisticola **4)** Zosterops citrinella (Pale White-eye) **5)** Zosterops lateralis (Silvereye) **6)** Zosterops lutea (Yellow White-eye)

First edition published in 2008 by
alto books pty ltd
Suite 314, 55 Flemington Road North Melbourne VIC. 3051 Australia

Email: publisher@altobooks.com.au
www.altobooks.com.au

Copyright © Myke Mollard, 2008

ISBN: 978-0-9804914-6-3

Reprinted 2008 -2009-2010 ppbk -2012

National Library of Australia Cataloguing-in-Publication entry

Title: An a-z of Australian bush creatures / illustrator, Myke Mollard

ISBN: 9780980491463 (hbk.)

Subjects: Zoology-Australia-Juvenile literature
              Zoology-Australia-Pictorial works-Juvenile literature

Other Authors/Contributors: Mollard, Myke

Dewey Number: 591.994

All rights reserved. Without limiting the rights under copyright reserved above, no part of this publication may be reproduced, stored in or introduced into a retrieval system, or transmitted, in any form or by any means (electronic, mechanical, photocopying, recording or otherwise), without the prior written permission of both the copyright owner and the publisher of this book.

An A-Z of Australian Bush Creatures is not intended as a definitive reference book and should not be regarded as such. It is an artistic interpretation of Australian fauna and flora, derived from a wide variety of sources, most notably the illustrator's travels and visits to animal sanctuaries.

Printed in Indonesia

North

Australia
Including Surrounding Islands & Territories

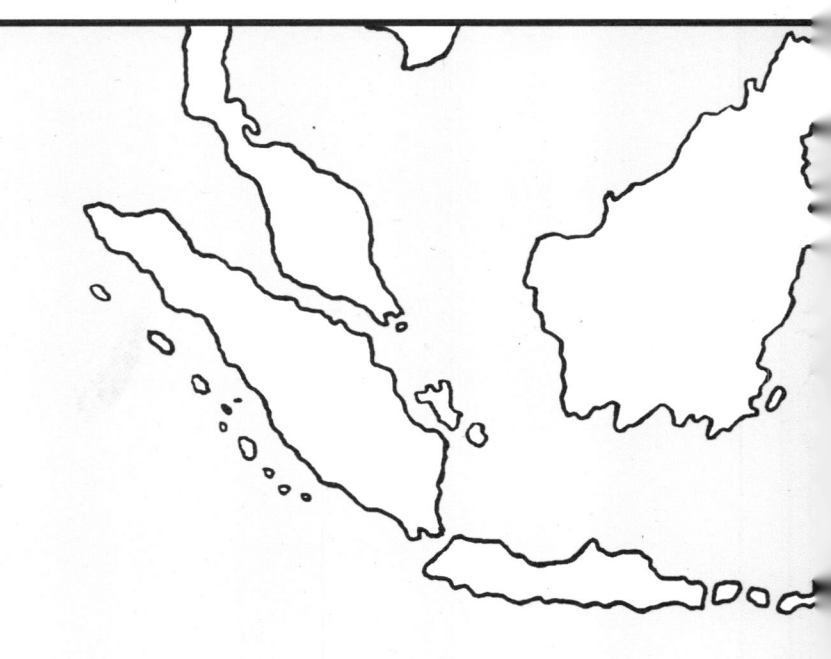

• Christmas Island

Cocos Keeling Islands

Shark Bay

Indian Ocean

• Heard Island

Antarctica